A GARANTIA DA SEGURANÇA DA URNA ELETRÔNICA COMO INSTRUMENTO DE LEGITIMIDADE DO PROCESSO ELEITORAL

VIANÓPOLIS-GO

2023

Dedico este trabalho aos meus pais, Maria de Fátima Pereira da Silva e Valdinar Moreira da Silva, pelo esforço de educar seus filhos(as) e pelas primeiras lições de ética, às quais tanto me direcionaram, incentivando e apoiando-me nos estudos.

AGRADECIMENTOS

Aos meus pais, por serem meu alicerce, meu porto seguro, procurando sempre fazer o impossível em minha vida;

Aos meus familiares, irmãos, sobrinhos e cunhados, pelo apoio incondicional;

E aqueles que foram meus professores, pelos conhecimentos e ensinamentos relevantes.

A todos, meu muito obrigado !

"A educação faz um povo fácil de ser liderado, mas difícil de ser dirigido; fácil de ser governado, mas impossível de ser escravizado."

Henry Peter

S 586   Silva, Francisco Rafael, 1992-

A garantia da segurança da urna eletrônica como instrumento de legitimidade do processo eleitoral - 1. Ed. – São Paulo, Edição Independente, 2023.

34p.; 22,86cm

ISBN: 979-8377476405

1.Introdução. 2. Do procedimento de preparação da eleição.

I.   Título.

CDD: 342

APRESENTAÇÃO

O presente texto tem como tema **A garantia da segurança da urna eletrônica como instrumento de legitimidade do processo eleitoral**. Para o desenvolvimento do mesmo, foi realizada uma pesquisa bibliográfica, a fim de mostrar a importância da segurança da urna eletrônica, para a garantia do processo democrático, que tem na eleição um dos instrumentos da democracia brasileira. A proposta deste trabalho consiste em comprovar, que por meio de auditorias e verificação de sistemas, feitos em audiências e cerimônias públicas, pode sim garantir a autenticidade e integridade do pleito, sem qualquer tipo de fraude. Assim, a partir dos dados obtidos com a pesquisa, pôde-se perceber que os meios de garantia da segurança do voto, em seu sentido amplo, estão bem delineados e implantados, de forma que praticamente se consegue alcançar sua finalidade, que é garantir o sufrágio universal, escorado na soberania popular.

SUMÁRIO

1 INTRODUÇÃO

Eleição é ato de eleger, de escolher, mas em direito eleitoral é uma manifestação política de escolha, por sufrágio, universal, por voto direto e secreto, de um cidadão eleitor, para eleger outro cidadão que preencha os requisitos legais, que tenha se registrado candidato por partido político, para ocupar um cargo eletivo, no Poder Executivo ou no Poder Legislativo. Contudo, o processo de escolha é feito por meio de uma eleição, amplamente democrática que garanta o direito de todos os cidadãos votarem e serem votados, caracterizando o sufrágio.

Nesse sentido, para que seja feito uma eleição, é preciso muito mais que apenas instalar e ligar uma urna na cabine de votação. Existem diversos procedimentos e atos preparatórios conectados e indispensáveis para se garantir a lisura e a segurança do pleito. Portanto, tratou-se no presente trabalho desde os conceitos fundamentais de Direitos políticos e sistemas eleitorais, tratando do procedimento interno da prepararão das eleições, com foco na segurança dos sistemas e urnas eletrônicos.

Assim, o presente trabalho tem sua importância por analisar o valor que possui a preparação do sistema de votação na garantia do direito ao voto, do principio republicano, especialmente para a tutela do regime democrático estabelecido constitucionalmente, garantindo o acesso aos direitos políticos de forma mais ampla possível. Portanto, com a Carta Magna de 1988, buscou assegurar o exercício pleno dos direitos individuais e sociais, materializado pelo poder exercido através de representantes eleitores pelo povo, consubstanciando a participação de todos no processo político do Estado.

Assim, a realização da eleição direta através da justiça eleitoral garante a idéia do pluralismo politico, sendo um dos fundamentos da República federativa do Brasil estabelecido logo no seu primeiro artigo, que traduz na garantia de liberdade de expressão, manifestação e opinião, com a participação do povo, tanto de forma direta, como ocorre na escolha de representantes do povo, como de forma indireta, via iniciativa popular.

A escolha por esse tema surgiu da necessidade de constatação dos principais temas relacionados ao processo de preparação da eleição, verificando sua importância à garantia do voto, direito fundamental do cidadão. Além disso, visa mostrar também, a sociedade em geral, que o processo de escolha dos nossos representantes políticos é altamente confiável, desmistificando a ideia de que ocorrem fraudes. Afinal, não dá pra fazer uma eleição de um dia para o outro.

Além disso, serve também como forma de oferecimento de informações à sociedade brasileira, sobretudo como orientações aos funcionários da justiça eleitoral e eleitores em geral, quanto à importância que possui o procedimento feito de maneira correta e padronizada, para que se garanta a lisura do sistema eleitoral, sem nulidade.

Logo, trata-se de trabalho de grande relevância para o mundo jurídico, bem como à sociedade como um todo, uma vez que cabe à Justiça Eleitoral regulamentar o processo eleitoral de forma completa, por meios de suas normas regulamentares e instruções, com força de lei. Além disso, compete ainda fiscalizar o fiel cumprimento de suas normas jurídicas que orientam o processo eleitoral, dotado de poder de polícia, e julgar os casos a que são submetidos e punir aqueles que descumprirem as normas.

Assim, o trabalho terá como objetivo mostrar a importância da garantia da segurança da urna, e da eleição como um todo, no ensejo de garantir a lisura do voto e seu caráter sigiloso, demonstrando, através de auditorias, a autenticidade e integridade do sistema de votação brasileira utilizado pela Justiça Eleitoral.

Dentre os capítulos, o primeiro versará os procedimentos preparatórios da eleição, explicando seus conceitos e características, o segundo abordará o sistema de votação eletrônica no Brasil, monstrando a importância desse sistema. O terceiro, disporá sobre a cerimônia de assinatura digital e lacração dos sistemas, com seus procedimentos de verificação.

Em seguida, no quarto e quinto capítulo, respectivamente, será abordado a auditoria de funcionamento da urna eletrônica em condições normais de uso, a chamada votação parcelada, e a auditoria de funcionamento por meio da verificação dos sistemas (auditoria de seção), discutindo todos seus procedimentos, as intercorrências e sistemas utilizados. O sexto capítulo versará, sobre outros sistemas e audiências que são fiscalizadas e verificados. Já no último capítulo, será abordado a análise dos resultados.

Para desenvolver o presente trabalho, optou-se por uma pesquisa descritiva qualitativa de fundo bibliográfica, com principal fonte a Resolução TSE 23.603/19, além de doutrinas, legislação extravagante, sites etc. A finalidade da pesquisa descritiva é narrar certos caracteres populacionais, fenomenológicos ou mesmo relações obtidas através do uso de técnicas de coleta de dados padronizadas, ao passo que a pesquisa exploratória acarreta maior afinidade com o problema, tornando-o mais explícito (FIGUEIREDO, 2011). Já a pesquisa qualitativa trabalha perante a impossibilidade de alcançar, através de dados estatísticos, alguns fenômenos intuitivos, perceptivos e subjetivos (MINAYO, 1994).

A metodologia, segundo Figueiredo (2011, p. 89), "cuida dos caminhos, dos procedimentos e das formas de fazer ciência. É uma preocupação instrumental na construção do saber." Já a pesquisa, adverte o citado autor, significa busca, indagação, inquirição e informação. Entretanto, para ser pesquisa científica, a mesma deve ser feita de maneira ordenada, com métodos e técnicas de coleta de dados apropriados à natureza do estudo.

2 DO PROCEDIMENTO DE PREPARAÇÃO DA ELEIÇÃO

Neste capítulo, serão abordadas uma série de atos preparatórios do processo eleitoral, sendo que alguns são permanentes, tipo o alistamento de eleitores, o local de votação e outros, no período que antecede a eleição, com a expedição de instruções pelo Tribunal Superior Eleitoral, o próprio calendário eleitoral, as convenções partidárias, nomeação, treinamento e composição aos mesários, preparação de urnas eletrônicas, audiências públicas para a verificação e fiscalização dos sistemas eleitorais, etc.

2.1 Considerações iniciais: conceitos e características.

A democracia pode ser representada pela garantia dos direitos políticos, que segundo Lenza (2020), nada mais são que os instrumentos por meio dos quais a CF garante o exercício da soberania popular, atribuindo poderes aos cidadãos para interferirem na condução da coisa pública, direta ou inteiramente.

Segundo o disposto no Artigo 14, caput, da Constituição Federal, a eleição é feita pelo sufrágio universal, por voto direto e secreto, sendo que a do Presidente da República importa na eleição do Vice-Presidente, registrados na mesma chapa, e tornando-se eleito se obtiver a maioria absoluta de votos, não computando os votos brancos e nulos, em sistema majoritário. Além disso, atente-se que o candidato precisa estar filiado a Partido Político, não se admitindo atualmente candidaturas avulsas.

O Governador e o Vice-Governador de Estado, eleitos pelo voto direto e secreto pelo sistema majoritário, em sufrágio universal, para um mandato de quatro anos (artigo 28, da Constituição Federal), em eleição a realizar-se no primeiro domingo de outubro, em primeiro turno, e no último domingo de outubro, em segundo turno, se houver, do ano anterior ao do termino do mandato de seus antecessores e a posse se dará a primeiro de janeiro do ano seguinte ao da eleição (artigo 28, da Constituição Federal), adotados os demais princípios do artigo 77, (da Constituição Federal).

Com relação ao Poder legislativo, este é exercido em âmbito federal pelo Congresso Nacional, se compondo nos órgãos da Câmara dos Deputados e do Senado Federal, conforme dispõe o artigo 44 da nossa Carta Magna. Aqueles são representantes do povo, eleitos pelo sistema proporcional, estes, dos Estados Federados.

Em âmbito estadual, o poder legislativo é exercido pelas Assembléias legislativas e Câmara Distrital. A composição da assembléia legislativa é de tantos deputados estaduais, quantos corresponder o triplo da representação do respectivo Estado na Câmara dos Deputados, e atingido o número de trinta e seis, mais a diferença entre doze e o número total de seus representantes na Câmara Federal (artigo 27, da Constituição Federal).

Em âmbito municipal, o Prefeito é eleito, para um mandato de quatro anos (artigo 29, I, da Constituição Federal), por sufrágio universal e direto e secreto, e simultâneo em todo o país (artigo 29, I da Constituição Federal) pelos eleitores do respectivo município, pelo sistema majoritário. No caso dos municípios com mais de duzentos mil eleitores, aplicam-se as regras do artigo 77, da Constituição Federal, concernentes à obtenção da maioria absoluta dos votos, excluídos os nulos e os em branco, em primeira votação, ou a realização do segundo turno, a ser disputado entre os dois candidatos mais votados.

Já os representantes do povo no Poder Legislativo Municipal, os vereadores, são eleitos para um mandato de quatro anos (artigo 29, I da Constituição Federal), pelo sistema proporcional, em sufrágio universal, voto direto e secreto, pelos eleitores do respectivo município (inciso IV, do artigo 29 da Constituição Federal). O número de vereadores é proporcional à população do respectivo município, observados os limites estabelecidos pelas alíneas do inciso IV, do artigo 29 da Constituição Federal.

3 DO SISTEMA ELETRÔNICO DE VOTAÇÃO

O sistema eletrônico de votação será utilizado em todo o país nas seções eleitorais de cada zona eleitoral, segundo dispõe a Lei nº. 9.504/97, artigo 59, caput e artigo 4º da resolução TSE nº. 22.154, de 2-3-2006. Na eleição presidencial, a circunscrição será o território nacional; nas eleições federais, estaduais e distritais, o respectivo Estado ou o Distrito Federal.

O Tribunal Superior Eleitoral disporá a produção de vídeos para esclarecimentos sobre os procedimentos relativos às eleições, aos quais devem ser apresentados em audiência ao Ministério Público Eleitoral, à Ordem dos Advogados do Brasil, aos partidos políticos e às coligações, somente se requeridos em até trinta dias antes da data do pleito. Havendo requerimento, a autoridade eleitoral estabelecerá local, data e horário para a audiência, com convocação prévia realizada em, no mínimo, setenta e duas horas.

Qualquer instituição poderá solicitar aos Tribunais Regionais Eleitorais cópia dos vídeos referidos, desde que fornecidas as mídias de gravação, sendo disposto que é proibida a sua utilização para fins comerciais. A Justiça Eleitoral, através de ampla campanha de esclarecimento, dará conhecimento aos eleitores sobre como proceder para justificar a ausência às eleições.

Os Tribunais Regionais Eleitorais, em até de dez dias antes da eleição, informarão por telefone, Internet ou outro meio, o número do título do eleitor, zona eleitoral, seção e endereço de locais de votação, proibida a divulgação de tal serviço por terceiros.

Nas eleições são empregados os sistemas informatizados organizados pelo Tribunal Superior Eleitoral ou sob sua encomenda. Os sistemas informatizados, conforme dispõe o artigo 7º, da resolução TSE nº 22712, de 7-3-2008, são os seguintes:

> I– candidaturas; II – horário eleitoral; III – preparação e gerenciamento da totalização; IV – transportador; V – gerador de mídias; VI – sistemas da urna; VII – prestação de contas; VIII – candidaturas – módulo externo; IX – divulgação de candidatos; X – divulgação de resultados; XI – prestação de contas – módulo externo.

Os sistemas informatizados referidos nos itens I a VII, devem ser instalados, exclusivamente, em equipamentos da Justiça Eleitoral, considerando as especificações técnicas requeridas. É proibida a utilização, pelos órgãos da Justiça Eleitoral, de qualquer outro sistema em substituição ou complementação aos fornecidos pelo Tribunal Superior Eleitoral.

Ao entidades fiscalizadoras legitimadas a participar das etapas do processo de fiscalização e mencionadas ao logo desse trabalho estão dispostas no artigo 5 da Resolução TSE 23.603/19, quais sejam:

I- Partidos políticos e coligações; II - Ordem dos Advogados do Brasil; III - Ministério Público; IV - Congresso Nacional; V - Supremo Tribunal Federal; VI - Controladoria-Geral da União; VII - Polícia Federal; VIII - Sociedade Brasileira de Computação; IX - Conselho Federal de Engenharia e Agronomia; X - Conselho Nacional de Justiça; XI - Conselho Nacional do Ministério Público; XII - Tribunal de Contas da União; XIII - Forças Armadas; XIV - Entidades privadas brasileiras, sem fins lucrativos, com notória atuação em fiscalização e transparência da gestão pública, credenciadas junto ao Tribunal Superior Eleitoral; e XV - Departamentos de tecnologia da informação de universidades credenciadas junto ao Tribunal Superior Eleitoral.

Às entidades acima é assegurado acesso adiantado aos programas de computador desenvolvidos pelo Tribunal Superior Eleitoral ou sob sua encomenda a serem utilizados no pleito eleitoral, para a finalidade de auditoria e fiscalização, em ambiente específico e controlado pelo Tribunal Superior Eleitoral. Os mesmos serão fiscalizados, auditados, assinados digitalmente, lacrados e verificados os programas pertinentes aos seguintes sistemas: votação, justificativa eleitoral, gerador de mídias, totalização, controle de correspondência, apuração, utilitários e sistemas operacionais das urnas, segurança e bibliotecas-padrão e especiais.

É vedado às entidades fiscalizadoras desenvolver ou introduzir, nos equipamentos da Justiça Eleitoral, comando, instrução ou programa de computador, salvo para proceder à fiscalização e à auditoria na fase de especificação e de desenvolvimento, assim como na Cerimônia de Assinatura Digital e lacração dos Sistemas, os partidos políticos e coligações, assim como a Ordem dos Advogados do Brasil e o Ministério Público poderão utilizar programas específicos para análise de códigos, desde que sejam programas normalmente comercializados no mercado, bem como obter acesso aos sistemas com o objetivo de copiá-los.

As mesmas instituições acima elencados poderão acompanhar as fases de especificação e desenvolvimento dos sistemas pré eleição, por meio de representantes indicados e certificados no Superior Tribunal de Justiça.

Por outro lado, temos a votação biométrica do eleitor, outra importante ferramenta de garantir a segurança do voto. Constataremos que a urna eletrônica por si só é segura, todavia, a biometrica junta-se a tal fato para assegurar ainda mais a autenticidade e integridade da eleição, garantindo o anonimato do voto do eleitor. Com isso, o quesito segurança fica ainda mais reforçado, já que nenhum cidadão possui dados biométricos exatamente iguais aos de outra pessoa.

Contudo, veremos que, apesar da urna eletrônica ser o produto mais visível em si, o sucesso do processo eleitoral brasileiro não se restringe à urna eletrônica. É o processo completo de votação que é vitorioso em rapidez e agilidade tanto na contagem como na divulgação dos resultados, visto que, ano após ano, a totalização de votos fica mais célere e podendo ser auditada, já que a Justiça Eleitoral possui testes públicos de segurança e auditorias em tempo real, garantindo ainda mais a transparência de todos os atos praticados no decorrer das etapas do processo eleitoral, começando no registro de candidaturas, indo até a proclamação e divulgação dos resultados oficiais.

Antigamente, quando o voto não era eletrônico, muito menos biométrico, as possibilidades de ocorrerem fraude na contagem de votos era muito grande. Os mesários ou colaboradores passavam horas apurando os resultados, facilitando a ocorrência de ilícitos eleitorais, tais como o conhecido "voto de cabresto", dentre outros. Contudo, no atual sistema eletrônico voto, podemos garantir a lisura do processo eleitoral, com a possibilidade zero de ocorrer fraude no sistema de voto.

Com relação a urna eletrônica, ela é um microcomputador de uso específico para eleições, tendo como qualidades ser resistente, leve, de dimensões pequenas, com autonomia de energia razoável. O revestimento que envolve a urna contém 30 (trinta) camadas de segurança. Além disso, um favor muito interessante e, até mesmo protetivo, é que ela não é conectada à internet.

Outrossim, dois terminais compõem a urna eletrônica biométrica: o terminal do eleitor, onde é o digitado o voto, de forma numérica pelo eleitor, e o terminal do mesário, onde o eleitor é reconhecido e identificado para ser autorizado a votar, após previamente serem coletadas as suas digitais, foto e assinatura. Assim, constatamos com segurança que um eleitor não pode votar no lugar de outro.

Vale destacar que a urna eletrônica somente grava a indicação de que o eleitor já votou, pois o embaralhamento interno e outros mecanismos de segurança impedem qualquer possibilidade de serem verificados em quais candidatos um eleitor votou, o que respeita a Constituição Federal brasileira quanto à previsão do sigilo do voto.

4 DA CERIMÔNIA DE ASSINATURA DIGITAL E LACRAÇÃO DOS SISTEMAS.

O Ministério Público Eleitoral, os partidos políticos e coligações, a Ordem dos Advogados do Brasil e demais entidades fiscalizadoras serão convocados pelo TSE por meio de correspondência (constando a data, o horário e o local do evento) com Aviso de Recebimento, enviada com pelo menos dez dias de antecedência em relação à data da cerimônia, para participarem da cerimônia de assinatura digital e lactação dos sistemas, que ocorrerá em até vinte dias antes das eleições.

As entidades fiscalizadoras em até cinco dias antes da data fixada para a cerimônia, deverão fornecer ao setor de Informática do Tribunal Superior Eleitoral os responsáveis técnicos que, como seus representantes, atuarão no evento. Os programas serão apresentados para verificação na forma de programas-fonte e programas-executáveis; as chaves privadas e as senhas eletrônicas de acesso serão mantidas em segredo pela Justiça Eleitoral.

Na cerimônia, na presença dos representantes das entidades participantes, os programas serão compilados e assinados digitalmente pelo chefe de seção responsável pelo sistema, com a lacração das cópias dos programas-fonte e dos programas-executáveis, as quais ficarão sob a guarda da Secretaria de Informática do TSE. Na mesma ocasião serão compilados e lacrados os programas das entidades fiscalizadoras a serem utilizados na assinatura digital dos sistemas das eleições e na sua verificação.

As entidades e agremiações acima referenciadas assinarão seus respectivos programas e chaves públicas. Serão assegurado aos representantes das entidades fiscalizadoras, cujos programas forem compilados na cerimônia, assinar digitalmente os programas-fonte e programas-executáveis dos sistemas a serem utilizados nas eleições. Após, será tarefa dos representantes do Tribunal Superior Eleitoral assinarem digitalmente os programas de verificação e arquivos auxiliares das entidades e agremiações, com o fim de garantir sua autenticidade.

Com o fim dos procedimentos de compilação e assinatura digital, serão produzidos resumos digitais, chamados de hash, de todos os programas-fonte, programas-executáveis, arquivos fixos dos sistemas, arquivos de assinatura digital e chaves públicas. Após, o arquivo contendo os resumos digitais será assinado digitalmente pelo Secretário de Informática juntamente com um ministro do TSE.

Assim, os resumos digitais serão postos à disposição dos representantes das entidades fiscalizadoras presentes e divulgados na página do TSE, na Internet, exceutados os referidos aos programas-fonte. Os arquivos referentes aos programas-fonte, programas-executáveis, arquivos fixos dos sistemas, arquivos de assinatura digital, chaves públicas e resumos digitais dos sistemas eleitorais e dos programas de assinatura e verificação apresentados pelas entidades e agremiações serão armazenados em mídias não regraváveis. Estas serão dispostas em invólucro lacrado, assinado pelos representantes do TSE e pelos presentes, se houver, e acondicionados em cofre próprio da Secretaria de Informática daquele Tribunal Superior.

Existindo necessidade de alterações dos programas das eleições ao fim da Cerimônia de Assinatura Digital e Lacração dos Sistemas, efetua-se-á conhecimento do fato aos representantes das entidades fiscalizadoras, para que sejam mais uma vez analisados, assinados digitalmente, acondicionados e lacrados. No prazo de cinco dias após essa cerimônia, aquelas instituições acima poderão apresentar impugnação, encaminhada diretamente ao TSE, findo o qual, não poderão mais ser questionadas.

Importante observar que a verificação da assinatura digital e dos resumos digitais (hash) só poderá ser feita nos seguintes momentos: I – durante a cerimônia de geração de mídias; II – durante a carga das urnas; III – desde quarenta e oito horas que antecedem o início da votação até o momento anterior à oficialização do sistema de totalização – gerenciamento TSE e TER. Todavia, havendo motivo justificado, também se admitirá após as eleições.

Na etapa de geração de mídias, poderão ser verificados os sistemas de totalização – preparação, controle de correspondência, gerador de mídias e o subsistema de instalação e segurança instalados nos equipamentos da Justiça Eleitoral. Já no momento da carga das urnas, poderão ser verificados os sistemas que estão instalados nesses dispositivos.

No período que ocorre das quarenta e oito horas antes do início da votação até a oficialização do sistema de totalização, serão feitos a verificação, mediante gerenciamento do TSE e TER, os sistemas de totalização; mediante gerenciamento do TSE, TRE ou zona eleitoral, serão verificados o subsistema de instalação e segurança instalados nos equipamentos da Justiça Eleitoral.

Outrossim, após as eleições poderão ser verificados todos os sistemas instalados nas urnas eletrônicas, assim como os sistemas de totalização e o subsistema de instalação e segurança instalados nos equipamentos da Justiça Eleitoral.

4.1 Dos procedimentos de verificação.

Os representantes das entidades de fiscalização interessados em realizar a verificação das assinaturas digitais dos sistemas eleitorais deverão solicitar ao juiz eleitoral ou ao Tribunal

Eleitoral, em cada caso, em prazo disposto em lei, sendo que em caso da cerimônia de geração de mídias e da gravação da carga das urnas, deverá ser feito em até vinte e quatro horas antes da mesma. Já no caso de gerenciamento- totalização dos votos, no prazo cinco dias antes das eleições, no período que vai desde quarenta e oito horas que antecedem o início da votação até o momento anterior à oficialização daquele sistema. Por fim, até as 19 horas do segundo dia útil subseqüente à divulgação do relatório do resultado da apuração.

Na ocasião de realização de verificação, independente de qual for o programa utilizado, o juiz eleitoral indicará um técnico da Justiça Eleitoral para operá-lo, à vista dos representantes das entidades de fiscalização. Na verificação dos sistemas instalados nas urnas, através do aplicativo de Verificação Pré-Pós, além da verificação de resumo digital (hash), poderá haver verificação dos dados disponíveis do boletim de urna, em caso de realização após as eleições.

Após realizado todo o processo de verificação deverá ser lavrada ata circunstanciada, assinada pelo juiz eleitoral e pelos presentes, registrando-se os seguintes dados, nos termos da Resolução TSE 23.603/19, sem prejuízo de outros que se entendam necessários: I - a identificação e versão dos sistemas verificados, com o resultado obtido; II - a data, o local e o horário de início e término das atividades; e III - o nome e a qualificação dos presentes. Cópia dessa ata deverá permanecer arquivada na Corregedoria Regional Eleitoral, e a original, no cartório eleitoral.

5 DA AUDITORIA DE FUNCIONAMENTO DAS URNAS ELETRÔNICAS EM CONDIÇÕES NORMAIS DE USO (VOTAÇÃO PARALELA).

Um dos procedimentos de verificação de funcionamento das urnas eletrônicas se refere à votação paralela, por meio do qual os Tribunais Regionais Eleitorais realizarão, por amostragem, uma auditoria de verificação do funcionamento das urnas. Esta será realizada, em cada unidade da Federação, em um só local, designado pelo Tribunal Regional Eleitoral, no mesmo dia e horário da votação oficial, com o objetivo de comprovar a impossibilidade de manipulação das urnas com o fim de desviar votos de um candidato para outro.

Será designada por cada Regional do Estado, para a organização e condução dos trabalhos, em sessão pública, até trinta dias antes das eleições, uma Comissão de Auditoria composta por um juiz de direito, que é o presidente; quatro servidores da Justiça Eleitoral, sendo pelo menos um, da Corregedoria Regional Eleitoral, um da Secretaria Judiciária e um da área de Informática.

O Procurador Regional Eleitoral indicará um representante do Ministério Público para acompanhar os trabalhos da referida Comissão. As entidades fiscalizadoras, no prazo de três dias da divulgação dos nomes daqueles que comporão a Comissão de Auditoria, poderão apresentar impugnação com relação às designações, motivadamente.

Os trabalhos da Comissão de Auditoria poderão ser acompanhados por representantes da Ordem dos Advogados do Brasil, fiscais de partidos políticos e coligações e ainda por entidades representativas da sociedade. Após, a Comissão deverá promover o sorteio das seções eleitorais entre nove e doze horas do dia anterior às eleições, no primeiro e no segundo turno, em local e horário divulgados antecipadamente.

Assim, a Resolução TSE 23.603/19, define as regras do sorteio, bem como o quantitativo, senão, vejamos:

> Art. 56. Para a realização da auditoria de funcionamento das urnas, deverão ser sorteados, por turno, em cada unidade da Federação, os seguintes quantitativos de seções eleitorais: I - 6 (seis) nas unidades da Federação com até 15.000 (quinze mil) seções no cadastro eleitoral, sendo as 3 (três) primeiras urnas sorteadas submetidas à auditoria de funcionamento das urnas eletrônicas sob condições normais de uso e as demais, à auditoria mediante verificação da autenticidade e integridade dos sistemas; II - 12 (doze) nas unidades da Federação que tenham de 15.001 (quinze mil e uma) a 30.000 (trinta mil) seções no cadastro eleitoral, sendo as 4 (quatro) primeiras urnas sorteadas submetidas à auditoria de funcionamento das urnas eletrônicas sob condições normais de uso e as demais, à auditoria mediante verificação da autenticidade e integridade dos sistemas; III - 15 (quinze) nas demais unidades da Federação, sendo as 5 (cinco) primeiras urnas sorteadas submetidas à auditoria de funcionamento das urnas eletrônicas sob condições normais de uso e as demais, à auditoria mediante verificação da autenticidade e integridade dos sistemas.

Após o sorteio, o presidente da Comissão de Auditoria da Votação Eletrônica informará imediatamente o resultado do sorteio ao juiz eleitoral da zona correspondente à seção sorteada. Ato contínuo, o juiz eleitoral providenciará o imediato transporte da urna para o local indicado, devidamente acondicionada em sua caixa, juntamente com a respectiva ata de carga.

Verificado, pelo juiz eleitoral, que circunstância peculiar da seção eleitoral sorteada impede a remessa da urna em tempo hábil, a Comissão de Auditoria da Votação Eletrônica sorteará outra seção da mesma zona eleitoral. Por outro lado, os tribunais regionais eleitorais providenciarão meio de transporte para a remessa da urna correspondente à seção eleitoral sorteada, que poderá ser acompanhada pelos partidos políticos. Os representantes das entidades fiscalizadoras poderão acompanhar o transporte da urna, arcando com suas respectivas despesas.

Por fim, realizadas as providências previstas acima referidas, o juiz eleitoral, de acordo com a logística estabelecida por cada Tribunal Regional, providenciará a preparação de urna substituta; a substituição da urna; e a atualização das tabelas de correspondência entre urna e seção eleitoral, já que, no final, deverão ser estas posteriormente transmitidas.

Ao final do procedimento de recolhimento, preparação de urna substituta e remessa da urna original, deverá ser lavrada ata circunstanciada, que será assinada pelo juiz responsável pela preparação e pelos representantes das entidades fiscalizadoras presentes, os quais poderão acompanhar todas as fases. A Comissão de Auditoria da Votação Eletrônica fará diligência no sentido de providenciar número de cédulas de votação, por seção eleitoral sorteada, que corresponda, entre 75% (setenta e cinco por cento) e 82% (oitenta e dois por cento) do número de eleitores da seção eleitoral, podendo ser preenchidas por representantes dos partidos políticos e coligações e depositadas em urnas de lona lacradas.

Na ausência desses representantes, a Comissão de Auditoria da Votação Eletrônica poderá preencher as cédulas por terceiros, excluídos os servidores da Justiça Eleitoral. Referidas cédulas deverão ser preenchidas com os números reais daquela seção eleitoral, tais como candidatos registrados, além de cédulas com votos nulos, de legenda e em branco.

O espaço físico em que serão realizarão os trabalhos deverá ser aberto a qualquer interessado, mas onde estiver as urnas e computadores, só serão permitas o acesso aos membros da comissão ou auxiliares e auditores previamente credenciados, garantindo, assim, a fiscalização de todo o processo da votação paralela. Para melhor garantia do isolamento do espaço, o ambiente será isolado por meio de fitas ou qualquer outro material que garanta visibilidade para o acompanhamento dos trabalhos.

A auditoria acima poderá ser filmada por recurso eletrônico de gravação de sons e imagens pela Justiça Eleitoral ou por empresa contratada. Para isso, o TSE poderá celebrar convênio com empresas públicas especializada nesse assunto.

Importante observar a fiscalização é esta obrigatória do processo de auditoria das urnas em condição normal de funcionamento, devendo as conclusões da fiscalização realizada ser enviada, por meio de relatório minucioso e conclusivo, ao TSE em até três dias úteis ao fim de cada turno da eleição.

Nesse relatório deverão constar toda a intercorrência da votação, contagem de votos, desde a emissão da zerésima (documento que é emitido pela urna logo antes do início da votação, como forma de provar que não consta nenhum voto) até a impressão do boletim final da urna (documento que mostra todos os dados dos candidatos e seus respectivos votos). Por último, referidos relatórios deverão ser publicados na internet, após homologado pelo TSE.

Todavia, cabe aqui descrevermos de forma resumida a fase de procedimentos de votação e apuração de votos. Primeiramente, conforme já narrado, após a emissão da zerésima, os trabalhos da comissão de auditoria serão iniciados, tudo de acordo com os procedimentos legais e horários definidos pelo TSE. A votação ser aleatoriamente, com relação a folha de votação.

Se por acaso, ocorrer da urna apresentar defeito, será feito o procedimento de substituição da mesma. Às 17 (dezessete) horas, será encerrada a votação, devendo a Comissão de Auditoria da Votação Eletrônica adotar as providências necessárias para a conferência dos resultados obtidos nas urnas verificadas.

O trabalho da auditoria será encerrada quando coincidir os resultados obtidos nos boletins de urna e os dos relatórios emitidos pelo sistema de apoio à votação, emitida, assim, ata circunstanciada de encerramento. Se houver divergência entre o boletim de urna e o resultado esperado, deverão ser adotadas as providências de localizar as divergências e conferir a digitação das respectivas cédulas divergentes, com base no horário de votação.

Se ainda persistir a divergência da votação eletrônica, será feita uma conferência de todas as cédulas digitadas e um registro minucioso em ata de todas as divergências, ainda que solucionadas. Por fim, a ata de conclusão será enviada para o Tribunal Regional para aprovação e homologação e, então, o juiz eleitoral de onde vieram as urnas auditadas será comunicado da decisão.

Portanto, podemos resumir esta auditoria da forma seguinte. Como dito, o Juiz Eleitoral da zona correspondente à seção sorteada será imediatamente comunicado do resultado para a tomada das providências devidas. A primeira, é providenciar cópia da ata da audiência de carga e lacre, do formulário Relacionamento Urna Eletrônica/Flash Votação/MRV/Lacre – CTL 120 relativo à seção sorteada e do extrato de carga da urna sorteada.

Após, é preciso acondicionar a urna da seção eleitoral sorteada na caixa juntamente com as cópias dos documentos acima, lacrar a caixa, com lacre assinado por ele e pelos representantes dos partidos políticos e coligações interessados; aguardar as orientações da Comissão de Auditoria quanto à sistemática de transporte; preparar urna substituta para a seção eleitoral (é preciso providenciar carga em uma outra Urna Eletrônica utilizando a mesma Flash usada para dar carga na urna que foi sorteada); substituir a urna; atualizar as tabelas de correspondência entre a urna e seção eleitoral; lavrar Ata Circunstanciada de todo o procedimento, que será assinada pelo Juiz, pelo representante do MP e pelos fiscais dos partidos políticos presentes.

A caixa da urna deve ser envolvida com papel pardo e lacrada; o lacre deve ser assinado pelo Juiz Eleitoral e pelos representantes dos partidos políticos e coligações interessados. Por fim, é sugerido utilizar o lacre usado nas urnas de lona, caso haja disponibilidade.

6 DA AUDITORIA DE FUNCIONAMENTO DAS URNAS ELETRÔNICAS POR MEIO DA VERIFICAÇÃO DOS SISTEMAS (AUDITORIA NA SEÇÃO ELEITORAL)

Além da auditoria de funcionamento da urnas eletrônicas em condições normais de uso, a denominada votação paralela, ainda existe a auditoria de funcionamento das urnas eletrônicas por meio da verificação dos sistemas. Diferentemente daquela, em que a auditoria será realizada em um só local público, designado pelo Tribunal Regional Eleitoral, normalmente na sede deste, a auditoria de verificação dos sistemas é realizada em cada seção eleitoral, sob a presidência do juiz eleitoral da seção eleitoral sorteada.

A preparação da auditoria começa com o mesmo procedimento de sorteio que foi realizado na auditoria da votação paralela, com a escolha das seções eleitorais que serão destonadas a verificação da autenticidade e integridade dos sistemas, providenciando o presidente da Comissão de Auditoria da Votação Eletrônica o relatório das correspondências entre as urnas e as seções sorteadas, obtido pelo Sistema de Gerenciamento da Totalização do Tribunal Regional Eleitoral, para compor a ata do evento e a comunicação imediata ao juiz eleitoral correspondente, informando-o sobre a seção sorteada e o número da respectiva correspondência da urna eletrônica.

O próximo passo será o juiz eleitoral, que foi sorteado para fazer a auditoria no dia da votação, adotar as seguintes providencias, nos termos do artigo 73, da Resolução TSE 23.603/19:

> I - convocará os partidos políticos e os representantes da Ordem dos Advogados do Brasil e do Ministério Público para que compareçam ao local de votação às 7 horas do dia da votação, de modo a acompanhar a auditoria da urna eletrônica na seção eleitoral sorteada; II - comunicará o presidente da mesa receptora de votos sobre a auditoria na urna da respectiva seção eleitoral, repassando-lhe as devidas orientações sobre os procedimentos a serem adotados, observado o constante do § 4º do art. 70, sem prejuízo de outras providências a critério do juízo eleitoral; e III - providenciará o seguinte material, que ficará aos seus cuidados ou da pessoa por ele designada para conduzir a auditoria, no dia da votação, na seção eleitoral sorteada: a) cópia do Comprovante de Carga, com a identificação do conjunto de lacres relativo à urna da seção eleitoral sorteada, para apresentá-lo aos fiscais durante os procedimentos de auditoria no dia da votação; b) Mídia de Resultado de ativação do VPP; c) Mídia de Resultado para verificação da assinatura do Tribunal Superior Eleitoral; e d) lacre de reposição para a tampa do compartimento da Mídia de Resultado da urna.

Se, entretanto, for verificada que necessita de substituição da urna sorteada que impeça a realização dos trabalhos, por fato ocorrido entre o sorteio e o início da votação ou por qualquer outra situação peculiar, o juiz eleitoral imediatamente fará a substituição da seção sorteada por outra que esteja em condições de realizar a auditoria, desde que de comum acordo com representantes da Ordem dos Advogados do Brasil e do Ministério Público presentes.

Assim, o juiz eleitoral determinará a realização da auditoria na seção eleitoral em será auditada, por intermédio do Chefe de Cartório ou outra pessoa designada, cuidando para que sejam realizadas, previamente à emissão da Zerésima, a verificação do comprovante de carga da urna, para constar a autenticidade da urna sorteada; o rompimento do lacre do compartimento da Mídia de Resultado (local onde será colocado a Mídia em que são computados os votos dos candidatos ao fim da votação); a retirada da Mídia que já estava dentro da urna, já que, relembrando, a urna é de seção, toda preparada e pronta para a votação; e por fim, a verificação das assinaturas e dos resumos digitais pelo programa do Tribunal Superior Eleitoral ou pelo programa de verificação apresentado pelo interessado, ou ambos, por meio da colocação das mídias de acionamento dos sistemas de verificação.

Na eventualidade do programa de verificação de assinatura e do resumo digital for diferente do elaborado pelo TSE, o interessado na verificação deve diligenciar até a véspera da auditoria, cópia reprográfica do seu programa em mídia apropriada, conforme orientações divulgadas pelo TSE. De posse do relatório, que pode ser impresso no máximo em 3 (três) vias, sendo que uma delas ficará a disposição da justiça eleitoral para fins de controle e fiscalização, compondo ata da auditoria.

As demais vias serão entregues os presente na cerimônia, tais como fiscais dos partidos políticos e dos representantes da Ordem dos Advogados do Brasil e do Ministério Público, para possível conferência dos resumos digitais com aqueles publicados no sítio do TSE. Cumpre observar que todas vias deverão ser assinadas por todo os presentes, inclusive o presidente da mesa receptora de votos da seção sorteada, devendo consta tudo na ata da seção.

De posse de tudo, o juiz eleitoral dará concluído os trabalhos, com o retorno do estado anterior ao procedimento de auditoria, que será feito por meio da retirada das mídias de acionamento dos sistemas de verificação; reinserção da Mídia de Resultado da urna verificada, que foi retirada no começo do procedimento; novamente a lacração da tampa do compartilhamento da Mídia de Resultado com lacre novo devidamente assinado pelo juiz ou pessoa designada por ele; e emissão de ata de encerramento dos trabalhos descrita pormenorizada de tudo o que ocorreu na audiência, assinado por todos. Por fim, o início da votação eleitoral daquela seção auditada será iniciada, por ordem do juiz eleitoral, desde que seja pelo menos 8 horas da manhã, horário de inicio legal.

Confeccionada a ata de encerramento dos trabalhos, com a verificação dos sistemas, em especial sua autenticidade e integridade, a mesma deverá ser encaminhada à Zona Eleitoral para então, ser encaminhada à Comissão de Auditoria da Votação Eletrônica. Esta, com todo o conjunto dos materiais encaminhado pelos cartórios eleitorais, enviará para arquivamento diretamente à Secretaria Judiciária do respectivo Tribunal Regional Eleitoral.

Em caso de impugnação quanto ao resultado da auditoria, os documentos deverão ser armazenados e guardados em local adequado até o trânsito em julgado da decisão proferida naquele questionamento. Importante observar com relação aos meios de armazenamentos de dados utilizados pelos sistemas eleitorais, que os mesmos deverão ser identificados e dispostos em condições adequadas, assim como as cópias de segurança dos dados, até a data do calendário das eleições do corrente ano. Todavia, eles poderão ser descartados e eliminados, desde que não haja em curso nenhuma impugnação judicial ou administrativa, inclusive aditaria, de acordo com as datas do Calendário Eleitoral.

Portanto, de forma bem prática, podemos resumir os procedimentos da Auditoria das Urnas Eletrônicas por meio da Verificação da Autenticidade e Integridade dos Sistemas (Auditoria na seção). Primeiramente, para o dia da véspera da eleição, o Juiz Eleitoral deverá convocar os Partidos Políticos, Ministério Público e a OAB.

Além disso, deve-se comunicar ao presidente da mesa receptora de votos e/ou administrador do prédio; providenciar cópia do Comprovante de Carga com identificação do conjunto de lacres da urna sorteada e de urnas de seções próximas à sorteada; gravar o AVPART na mídia de resultado; imprimir modelo de Ata da Auditoria (mais de 1 via); imprimir e observar o Guia da Auditoria e as Recomendações sugeridas pelo TSE para a Auditoria da Seção Eleitoral; imprimir Relatório de Correspondências Esperadas, emitido pelo Sistema de Preparação; providenciar demais materiais para a realização da auditoria, inclusive materiais de contingência que julgarem necessário;

Caso a conferência visual dos dados constantes na tela inicial das urnas esteja agendada para momento posterior ao sorteio, recomenda-se que seja dada especial atenção às urnas sorteadas para a auditoria no dia da votação, particularmente sobre os seguintes quesitos: lacres assinados e corretamente posicionados; correspondência compatível como o extrato de carga; seção correta; data e hora corretas.

É muito importante informar ao presidente da mesa receptora que o mesmo deverá comparecer à seção eleitoral antes das 7 horas e aguardar os responsáveis pela auditoria. Informar também que se pode não emitir zerésima antes do processo de auditoria. O presidente deverá consignar na ata da mesa receptora da seção eleitoral que foi realizado procedimento de auditoria. E informar que só pode iniciar os trabalhos da seção após encerramento da auditoria.

Por outro lado, deve-se também informar ao administrador de prédio que uma urna de seção do seu local de votação foi sorteada para auditoria, identificando a seção que passará por auditoria. Muito importante também é garantir que a seção sorteada e que uma outra seção próxima não emitam zerésima até o encerramento dos trabalhos da auditoria.

Informar também que os fiscais de partidos presentes poderão acompanhar os procedimentos, além de garantir, após encerramento dos trabalhos de auditoria, que sejam iniciados os trabalhos tanto na seção que passou pela auditoria quanto na outra seção que foi informada para não emitir a zerésima.

É salutar entender que a cópia do Comprovante de Carga será utilizado para verificar que se trata da urna da seção sorteada. Por isso, é sugerido levar cópia do comprovante de carga de outras seções próximas à sorteada para o caso de não conseguir realizar auditoria na seção sorteada por já ter sido emitida zerésima da urna ou outra situação peculiar da seção eleitoral sorteada.

Já no dia da eleição, recomendável seguir o guia rápido da auditoria da urna na seção eleitoral com especial atenção aos seguintes tópicos, cujas divergências deverão ser tratadas de acordo com as recomendações do TSE: conferir se a data e hora correspondem ao dia e/ou hora do pleito; verificar se o número da correspondência da urna sorteada difere do número de correspondência da urna que está na seção eleitoral; verificar os Totais da Verificação que resultam da execução da mídia do AVPART: os quantitativos das opções [1], [2] e [4] devem ter valor "0" e o quantitativo da opção [3] deve ser equivalente à quantidade esperada de acordo com o modelo da Urna Eletrônica .

Por conseguinte, deve-se preencher a Ata da Auditoria na Seção Eleitoral com assinatura dos presentes; guardar em envelope pardo os hashes impressos, ata, mídias usadas na auditoria, etc; orientar mesários para registrar a auditoria na ata da seção eleitoral; verificar se o material da seção eleitoral está conforme para o funcionamento da seção: urna devidamente lacrada e funcionando. Ao fim, liberar o início dos trabalhos da seção eleitoral que foi auditada, bem como de seção que tenha sido avisada para não emitir zerésima.

7 DA VERIFICAÇÃO DE OUTROS SISTEMAS ELEITORAIS.

Aqui, como mais uma forma de verificar e comprovar a autenticidade e integridade dos sistemas e por conseguinte, das eleições eleitorais, veremos mais esta ferramenta indispensável para a garantia da lisura do pleito, tão importante para que não haja mais nenhuma dúvida sobre a confiabilidade dos procedimentos eleitorais, que garantam os princípios constitucionais, sobretudo no estado democrático de direito.

Assim, nas verificações dos sistemas eleitorais utilizados no âmbito dos tribunais regionais eleitorais ou zonas eleitorais, o representante da entidade fiscalizadora informará se utilizará o programa de verificação de autenticidade e integridade da Justiça Eleitoral ou se ele mesmo disporá de programa próprio.

Nesse sentido, o juiz eleitoral deve informar por ofício, que procederá à realização das verificações disponíveis nas resoluções do TSE, em especial a Resolução TSE 23.603/19. Assim, podemos verificar que, ainda podemos constar mais uma vez a segurança do procedimento preparatório da eleição por meio da Verificação dos Sistemas Eleitorais na Cerimônia de Geração de Mídias, na Verificação dos Sistemas Eleitorais na Cerimônia de Preparação de Urnas, na Verificação dos Sistemas Eleitorais Instalados no Tribunal Superior Eleitoral, na Verificação dos Sistemas Destinados à Transmissão de Boletins de Urna e por último, mais não menos importante, nas Verificações Extraordinárias dos Sistemas Eleitorais após as Eleições.

Com relação a Verificação dos Sistemas Eleitorais na Cerimônia de Geração de Mídias, os sistemas a serem verificados são Gerenciador de Dados, Aplicativos e Interface com a Urna Eletrônica (GEDAI-UE), Subsistema de Instalação e Segurança (SIS) e HotSwapFlash (HSF). O ato normativo que regulamenta é a Resolução de Atos Gerais do Processo Eleitoral, regulado na Resolução do Tribunal Superior Eleitoral (TSE) nº 23.611/2019, que trata dos atos gerais do processo eleitoral das Eleições Municipais de 2020.

De acordo com a resolução, a mesma dispõe aspectos imprescindíveis para o funcionamento do pleito, já que em 2020 o sistema será baseado na representação proporcional, prevendo regras como: preparação das mesas receptoras de votos e de justificativas; preparação das urnas eletrônicas; transferência temporária de eleitores; regras a serem adotados no dia da votação, além da fiscalização perante as mesas receptoras; apuração, totalização e divulgação dos resultados das eleições; e diplomação dos candidatos eleitos.

Na cerimônia, os pedidos de verificação deverão ser dirigidos à autoridade responsável pela geração de mídias, que ficará responsável por decidir e adotar as providências imediatas.

As entidades fiscalizadoras poderão verificar os sistemas por meio de programa de verificação entregue pelo TSE ou produzido pela própria entidade fiscalizadora, conforme já visto.

Já na Verificação dos Sistemas Eleitorais na Cerimônia de Preparação de Urnas, como o próprio nome já sugere, as entidades fiscalizadoras verificarão a integridade e autenticidade dos sistemas instalados em urnas eletrônicas. Contudo, a verificação será feita por amostragem, já que a quantidade de urnas disponíveis é enorme e demandaria muito tempo caso fossem feitas em todas.

Assim, o critério da resolução é serem feitas apenas em ate até 3% (três por cento) das urnas preparadas para cada zona eleitoral, sendo garantindo a verificação de no mínimo 1 (uma) urna por município, escolhidas pelos representantes das entidades fiscalizadoras, de forma aleatória, tanto sobre as urnas de votação como as de contingência.

Escolhida, a urna, de forma livre, os pedidos serão encaminhados à autoridade responsável pela preparação das urnas, que imediatamente determinará a separação das urnas indicadas e iniciará as providências para a sua verificação.

De acordo com o § 3º da Resolução TSE 23.603/19, a verificação da integridade e autenticidade dos programas da urna eletrônica será realizada nos locais de preparação das urnas por meio das seguintes formas:

> I - utilização do programa de verificação de autenticidade dos programas da urna (AVPART), desenvolvido pelo Tribunal Superior Eleitoral; II - utilização do programa de Verificação Pré/Pós-Eleição (VPP) da urna eletrônica, desenvolvido pelo Tribunal Superior Eleitoral; e III - utilização de programas de verificação de integridade e autenticidade dos sistemas eleitorais, desenvolvidos pelas entidades fiscalizadoras.

Na verificação de autenticidade dos programas da urna (AVPART), o programa permitirá a geração do hash dos programas instalados durante a carga das urnas eletrônicas e a validação das assinaturas digitais dos arquivos da urna eletrônica. Já no Programa Verificador Pré/Pós-Eleição (VPP) da urna eletrônica ele permitirá a conferência visual dos dados de candidatos e partidos; geração do hash dos programas instalados durante a carga das urnas eletrônicas; e demonstração do processo de votação, a fim de aferir o correto funcionamento do equipamento, no termos do artigo 37 e 38, respectivamente, da Resolução TSE 23.603/19.

Como visto, sempre que uma urna é utilizada, seja para auditoria, seja para os procedimentos estudados nesse capítulo, a mesma deve obrigatoriamente ser lacrada após sua utilização para posterior utilização na eleição que se avizinha.

Com relação a Verificação dos Sistemas Eleitorais Instalados nos equipamentos do Tribunal Superior Eleitoral, as mesmas entidades fiscalizadoras poderão verificar a integridade e autenticidade dos sistemas eleitorais instalados, quais sejam, o Gerenciamento da Totalização, o Receptor de Arquivos de Urnas, o InfoArquivos e o Transportador WEB. As entidades são convocadas pelo Tribunal Superior Eleitoral para que, se quiserem, possam realizar a verificação, que ocorrerá na véspera da eleição.

Em seguida, da verificação deverá constar a ata circunstanciada, contendo a identificação e versão dos sistemas verificados, junto com resultado alcançado; a data, o local e o horário de início e término das atividades; e por fim, o nome e a qualificação dos presentes.

No procedimento de Verificação dos Sistemas Destinados à Transmissão de Boletins de Urna, as entidades fiscalizadoras podem pedir cerimônia à fim de verificar a integridade e autenticidade dos sistemas Transportador e JE-Connect, posto nos computadores. Todavia, necessita de pedido ao juiz eleitoral, com antecedência de 5 (cinco) dias da eleição, que marcará data, horário e local para realização do procedimento.

Contudo, a referida audiência somente pode ser feita da antevéspera até às 17h do dia da eleição. As entidades fiscalizadoras utilizará programa de verificação oferecido pelo TSE ou desenvolvido por eles próprio.

Da mesma forma, será lavrada ata de tudo o que ocorreu na audiência, com a identificação e versão dos sistemas verificados, e seu respectivo resultado; a data, o local e o horário de início e término das atividades; e o nome e a qualificação dos presentes.

Por último, temos as verificações extraordinárias dos sistemas eleitorais após as Eleições. As mesmas entidades fiscalizadoras podem solicitá-la, com a condição de que apresentem fatos, indícios e circunstâncias que a motive, sob pena do juiz indeferir de imediato liminarmente. Todavia, existe um prazo estabelecido no calendário eleitoral, que se encerra em 5 (cinco) dias anteriormente à data para manutenção dos lacres de urnas e desinstalação dos sistemas.

No pedido dever ser anexado um plano de trabalho, contendo pelo menos as verificações pretendidas, o modo de fazê-las e objetivos a serem conquistados. A solicitação devera ser encaminhada ao juiz eleitoral. De acordo com o artigo 50, da Resolução TSE 23.603/19, os sistemas a serem verificados são:

> I - Sistemas instalados nos microcomputadores, aplicando-se, no que couber, o disposto nas seções II e V deste capítulo; II - Sistemas instalados nas urnas eletrônicas, aplicando-se, no que couber, o disposto na seção III deste capítulo, adicionadas a exibição de logs da urna eletrônica e a reimpressão do boletim de urna, por meio do sistema de Verificação Pré/Pós-Eleição (VPP); III - Sistemas instalados nos equipamentos servidores do Tribunal Superior Eleitoral, aplicando-se, no que couber, o disposto na seção IV deste capítulo. Parágrafo único. As verificações previstas neste artigo serão realizadas mediante o espelhamento dos sistemas, preservando-se os originais intactos.

Por fim, como forma de garantir ainda mais a fiscalização da autenticidade e integridade dos sistemas e urnas utilizadas na eleição, é possível às entidades fiscalizadoras pedir dados, arquivos e relatórios de urnas, sistemas e tudo que aconteceu na eleição, segundo disposto nos artigos 44 e 45 da Resolução TSE 23.603/19, in verbis:

> I- os arquivos de log do Gerenciador de Dados, Aplicativos e Interface com a Urna Eletrônica (GEDAI-UE); II - os arquivos de dados alimentadores do Sistema de Gerenciamento da Totalização, referentes a candidatos, partidos políticos, coligações, municípios, zonas e seções; III- arquivos de log do Transportador, do Receptor de Arquivos de Urna e do banco de dados da totalização; IV- arquivos de imagens dos boletins de urna; V- arquivos de Registro Digital do Voto (RDV); VI - arquivos de log das urnas; VII - relatório de boletins de urna que estiveram em pendência, sua motivação e respectiva decisão; VIII - relatório de urnas substituídas; IX- arquivos de dados de votação por seção; e X- relatório com dados sobre o comparecimento e a abstenção em cada seção eleitoral.

Contudo, a solicitação deverá ser apresentada até 100 (cem) dias corridos, contados a partir do dia do primeiro turno das eleições, abrangendo especificamente os dados a serem requeridos, de acordo com a jurisdição da autoridade competente. Esta, julgará o pedido em até 5 (cinco) dias úteis, desde que o solicitante apresente mídias para acondicionamento da gravação dos dados. Especificamente com relação ao registro digital do voto, este deverá ser entregue em arquivo único por seção eleitoral, intacto, da mesma forma que foi gravado originalmente.

8 CONCLUSÃO

A pesquisa bibliográfica, usada para desenvolver o presente trabalho, sendo um etapa da investigação científica, procurou desenvolvê-lo através de levantamentos bibliográfico dos principais teorias científicas, livros, artigos da internet, sites, dentre outras fontes.

Assim, o resultado da pesquisa mostrou que o processo eleitoral, com sendo o objeto do Eleitoral, que se inicia com o alistamento do eleitor, indo até a diplomação dos eleitos, tem em uma de suas etapas a eleição propriamente dita. Neste, se verifica, em seu ínterim, as normas de organização e verificação das urnas e sistemas eleitorais, a fim de garantir democraticamente a segurança do pleito.

Por outro lado, em todo o processo eleitoral, é assegurado o direito de fiscalização às entidades fiscalizadoras. Além disso, cabe aos diversos órgãos da própria Justiça Eleitoral também sua fiscalização na medida de sua competência, possuindo os juízes eleitorais poder de polícia em sua zona eleitoral.

A urna eletrônica, originária desde a década de 90, alcançou um grande avanço na garantia da normalidade e legitimidade das eleições brasileiras, reduzindo a praticamente zero as possibilidades de fraudes nas eleições, que ocorriam bastante com a adoção de cédulas de papel e urnas de lona. Todavia, para garantir ainda mais uma eleição com total segurança, uma medida possível seria a contratação de novos equipamentos e urnas eletrônicas, descartando aquelas que já são usadas por mais de 10 anos.

Contudo, apesar do avanço, muitas pessoas ainda tinham dúvidas da segurança da urna, acreditando que a mesma poderia ser violada por hackers ou desviados os votos. Pra dirimir estas questões, a Justiça Eleitoral, com a implantação do sistema eletrônico de votação, disponibilizou o acesso, por diversos meios, instrumentos de verificação da segurança da urna, tais como as auditorias na seção eleitoral e votação paralela, com o objetivo de comprovar a impossibilidade de manipulação das urnas com o fim de desviar votos de um candidato para outro.

Assim, constatou-se que todos os sistemas e procedimentos de verificação e fiscalização são essenciais para a garantia da normalização e legitimidade da eleição. Ainda mais no sistema brasileiro em que cada vez mais tudo é discutido e desconfiado, sobretudo por conta da atual grave crise política em que vivemos, oriundo de governantes irresponsáveis e inescrupulosos com a coisa pública.

Portanto, uma eleição é um fato com características singulares, tendo como premissas importantes a garantia da transparência de todo o processo eleitoral e do sigilo do voto. Todos os métodos de auditoria e procedimentos de fiscalização descritos permitem conferir a confiabilidade das urnas eletrônicas por duas décadas, provando serem suficientes, pois são utilizados e garantidos por agências de estudos internacionais, especialmente por ser um meio eficaz de evitar qualquer tipo de ataque interno.

Portanto, a garantia de segurança e autenticidade das urnas e sistemas eletrônicos proporciona uma normalidade do procedimento eleitoral, viabilizando a democracia. A normalidade traduz-se na plena garantia da consonância do resultado que foi apurado nas urnas com a vontade do eleitor, que é soberano, proporcionando o direito do sufrágio.

REFERÊNCIAS

BRASIL. Constituição (1988)

BRASIL. Lei nº. 9.504, de 30 de setembro de 1997. *Estabelece normas para as eleições,* Brasília, DF, set 1997.

BRASIL. Resolução TSE 23.603, de 12 de dezembro de 2019. *Dispõe sobre os procedimentos de fiscalização e auditoria do sistema eletrônico de votação*, Brasília, DF, dez 2019

BRASIL. Resolução TSE 22.154, de 02 de março de 2006. *Dispõe sobre os atos preparatórios para as eleições, Brasília,* DF, marc 2006

BRASIL. Resolução TSE 22.712, de 07 de março de 2008. *Dispõe sobre os atos preparatórios para as eleições, Brasília*, DF, mar 2008

BRASIL. Resolução TSE 23.611, de 19 de Dezembro de 2019. *Dispõe sobre os atos gerais do processo eleitoral para as Eleições 2020*, Brasília, DF, dez 2019

FIGUEIREDO, Nébia Maria Almeida de. *Método e metodologia na pesquisa científica.* 3. ed. São Caetano do Sul, SP: Yendis Editora, 2011.

LENZA, Pedro. *Direito Constitucional Esquematizado.* 16º ed. São Paulo: Saraiva,2013.

MINAYO, M. C. S. (Org.). *Pesquisa social*: teoria, método e criatividade, Rio de Janeiro: Vozes, 1994.

www.ingramcontent.com/pod-product-compliance
Lightning Source LLC
Chambersburg PA
CBHW070319240526
45467CB00046B/2060